- Belgio -

A ARTE DA PALAVRA

SILHUETAS NO NEVOEIRO

◆

EDIZIONI WE

Título original: L'ARTE DELLA PAROLA

Tradução
Simona Adivíncula

Capa
Matteo Belgiovane – Belgio –

Contato do autor
00belgio@gmail.com

ISBN: 979-12-5497-060-7
©2022 Edizioni WE di Nicola Bergamaschi
Via Paulli 10/A - 26015 -Soresina (CR)
www.clickpertutti.com
www.edizioniwe.com
www.facebook.com/edizioniwe
www.instagram.com/edizioniwe
info@edizioniwe.com

PREFÁCIO
de Liz Matos - poetisa

Existem pessoas que escrevem poesias.
Belgio mergulhou destemidamente em suas dores e transmutou-se em poesia. Ele é a pura e nacarada poesia, extraída do mais recôndito da sua alma, que nos contagia por estar inebriada de sentimentos que falam e ecoam em nosso ser, trazendo-nos a sensação de que estamos lendo a nós mesmos. Matteo Belgiovane é detentor da arte de metamorfosear dor em poesia.
Seja quando presenciou sua casa e seus pertences, inundados de memórias afetivas, perderem-se através de tempestuosas forças da natureza. Seja quando venceu suas dores emocionais e transformou-se em uma mensagem viva de superação para todos que enfrentam estes mesmos fantasmas interiores. Porque Belgio veio ao mundo para ser mensagem e tem cumprido magistralmente sua missão.
Através de "A Arte da Palavra" compreendemos o que significa vivenciar a dor de outrem como se nossa o fosse, algo permitido apenas às almas magnânimas. Assim foi quando o autor mergulhou na dor emanada através do campo de concentração de San Sabba, ou quando seu coração enternecido se debulhou em lágrimas por Diana, cujo amado, o misterioso e impiedoso

mar, para sempre levou.

Belgio é um menino Luz que nasceu com o olhar de ver estrelas e, amorosamente, nos conduz até cada uma delas através da pura magia de sua poesia. Ele sente além do que nossos tão limitados olhos humanos conseguem compreender.

Por isso, este livro é também um chamamento a evoluirmos como espíritos eternos que somos e nos conduz a um despertar, a escancararmos nosso olhar interior e abrirmos maior guarida para o acolhimento as dores do mundo e não apenas ao nosso derredor.

Porque Belgio vê e sente além. Sua percepção do todo é abrangente e nos encanta pela inteireza e pureza d'alma. Dessa forma, por onde passar, ele sempre deixará um rastro de luz que aquecerá os corações de todos os que tiverem a benção de com ele cruzar nesta estrada denominada vida.

Este é um livro de poemas com singularidades cativantes, uma corajosa entrega pessoal, totalmente desprovida do medo da exposição.

O autor é um vívido exemplo de alguém que caminha consciente do medo que o assombra, mas sem permitir que por ele seja estagnado.

A sua tônica é o libertar-se. Sua missão é doar-se. Seu exemplo é a superação. Seu destino é voar longinquamente e além, infinitamente além dos seus sonhos.

Que você se permita banhar neste cálido manancial

onde aprenderá o caminho da cura das feridas da alma. Cada poema representa um bálsamo lenitivo que nos acolhe, acalenta e transmuta. Neste mundo tão insípido de sentimentos e carente de poesia, o jovem Belgio surgiu como um sopro de esperança e fé para aquecer os invernos das nossas vidas e provar-nos que "por mais escuras que sejam as trevas da noite, o amanhecer sempre vem".

A vida muitas vezes coloca diante de nós obstáculos que inicialmente parecem intransponíveis, nosso crescimento e nosso futuro dependem de nossa determinação em superá-los.

Acredito no amor e na felicidade, em um mundo onde existe um equilíbrio preciso em cada detalhe, ao ódio e à repressão se opõem amor e liberdade.

Todos somos frutos do nosso passado, dos nossos sofrimentos e até dos nossos erros, todos somos chamados a uma existência dedicada aos outros, na esperança de que tenha chegado antes de ser dedicada a nós mesmos.

A fonte mais importante do mundo é a palavra, somos perpetuamente condicionados pela palavra, as emoções e os sentimentos são causados por elas, mas no final a palavra é uma escolha, decidimos dizer te amo ou te odeio, então por que não trabalhamos todos juntos por um mundo mais feliz e coeso...

Não seria mais simples?

Por que devemos ser escravos da inveja e da ignorância animal? Ninguém no mundo é... Isso se mostra assim, mas não é.

Não tenha medo das palavras, diga mais um pouco eu

te amo, dê uns abraços, um dia todos esses "pequenos" gestos, podem ser mães de arrependimentos.

Sejam felizes, sejam humanos amantes do mundo, sejam uma família mesmo com aqueles que não têm o mesmo sangue que você.

Matteo Belgiovane juntamente com Simona Adivíncula e Edizioni We apresentamos:

A ARTE DA PALAVRA – SILHUETAS NO NEVOEIRO

A ARTE DA PALAVRA

SILHUETAS NO NEVOEIRO

PEDRA

Tanto tempo perdi meditando,
enquanto observava o horizonte,
perdido entre silêncios e vazios,
interrompido pelas ondas do mar,
Jamais esquecerei de onde venho;
Eu nunca vou esquecer o que tenho em meu coração,
Eu estava extraviado em um copo de cerveja na monotonia,
então você entrou na minha poesia
mudando cada rima e padrão.
A tristeza lentamente desapareceu,
o inverno que passava o sol que estava nascendo,
a primavera que estava quase chegando.
Eu escrevi letras inteiras contra o amor,
pensando que era apenas a consequência
de uma necessidade mútua.
Nasce do nada, mesmo de um relance,
afinal, amor também é isso,
valorize cada pequeno gesto e ignore todo o resto.

SEM NOME

Eu olho no espelho,
me vejo com o rosto envelhecido,
costelas parecem ondas na minha pele.
Olhos inchados e cheios de dor,
o homem mata se estiver cheio de medo
e desprovido de cor.
As reclamações dos meus colegas de quarto ficaram mais altas,
todos amontoados para dormir ao lado dos mortos.
Um cheiro acre quase sufocante,
os escritos nas paredes de despedida escavados com as unhas,
Eu estava me perguntando, nesses casos, onde Deus estava.
A morte estava me atacando,
lentamente eu estava desistindo,
o último pensamento para minha filha,
amanhã quem criaria minha família.
E a chaminé fumegava,
minha alma voou,
eu e outros todas vítimas de ódio,
o homem cego por uma fúria assassina
 prestes a derramar sangue,
sujando a neve branca
que inocentemente pousou no chão.
Não estou morto,
apenas renasci em um mundo
sem raiva e preconceitos infundados.

O MEDO

As luzes das aldeias decoram as montanhas
como estrelas no céu que indicam o curso certo.
Um farol pisca enquanto a névoa clareia
a paisagem ao redor,
o mar parece isolar esta ilha remota.
Somos todos vítimas de um mundo de dois tons,
quase remover nossa visão tridimensional
ao dar homogeneidade aos nossos personagens,
tornando todos nós fotocópias inúteis destinadas
ao sofrimento e repressão contínuos,
em um mundo que nos esmaga
como garrafas de plástico.
Na neblina mais densa, olhe para cima
e procure uma estrela no céu que saiba orientar você.
Coloque suas mãos à frente e antecipe os obstáculos.

CANDELADORES

Foi uma noite como muitas outras,
onde a preocupação era a verificação da arte.
Imerso nos sonhos de todas as noites,
a mãe quieta dormia,
mas de repente o tempo parou,
a terra que tremeu de repente,
mãe assustada me pegou nos braços
e me tirou com mil outros.
O relógio parou três e quinze,
como se todos estivesse morrido,
A Vila que após milênios caiu por terra.
Minha mãe não sabia o que dizer,
papai cavou com outros procurando por uma voz,
perdemos tudo,
até as memórias, mas o passado não se apaga,
vamos começar a partir dos escombros
para uma vida sem miséria,
onde você viu as estrelas no topo da montanha,
onde você realmente apreciou.

VIVO

Se você acha que não brilha o suficiente em sua vida,
pense na lua,
que em sua grandeza insignificante no espaço,
tem a força de iluminar nossas noites inspirando:
escritores, poetas e pintores.
Se você parar de acreditar em si mesmo, pense nas ondas,
que embora elas encontrem a rocha para parar seu percurso
sempre têm a força para tentar novamente,
nunca pare no primeiro obstáculo, é o que o mar nos ensina.
Se você se sente inútil,
pense nas constelações,
cada estrela é um ponto muito importante.
Se você se perder, procure a razão dentro de si,
ela o levará de volta ao porto como um farol.
Seja família, porque é a gasolina
da esplêndida máquina da vida.
Seja feliz, caso contrário
seus dias parecerão insuperáveis e sem cor.
Fique triste às vezes, isso também é útil,
lembre-se de que não há primavera sem inverno.
Seja forte.

PACIFISTA

Pessoas que ameaçam uns aos outros,
poucos que coloca a face.
Tem gente que deixa cicatriz com ácido,
o coração em algumas pessoas é muito ganancioso,
mães que matam crianças,
pais que matam mães,
rostos de famílias destruídas pintadas nos quadros.
Ninguém pensa sobre si mesmo,
uma pessoa deprimida que faz um gesto extremo.
Na França, eles sabem muito sobre violência,
atiram em um teatro cheio de talento,
em Londres, o Tâmisa continuar,
pessoas correndo, o mundo que declina,
O ódio é nossa ruína.
Pessoas que se enforcam,
porque no mundo não se destaca, nações que
disparam mísseis de uma parte do mundo para outra,
contudo, o planeta completa outro círculo,
do pólo norte ao pólo sul o gelo se foi,
com a energia nuclear
não se consegue mais respirar.
Uma flor na Síria, uma flor em toda a África,
nenhuma paz foi vista lá por cerca de mil anos.
Esperando que a crise acabe,
na América o protesto começa,
Na Europa, o terror se veste com uma camisa,
A Itália sonha com um futuro idealista,

novos motivos vão para a pista,
tem quem grita, dê as boas-vindas,
quem disse que vamos afundá-los,
o fato é que Crianças morrem
e Deus toma conhecimento disso.
Em suma, pessoas que se ameaçam,
poucos colocam sua face nisso.
Onde está o cérebro?
Nós definitivamente partiremos,
mas ninguém sabe quando.
Dizem que a Idade Média já passou,
mas as crianças, entretanto, brincam com armas.

HORIZONTE

Na praia observa o horizonte
enquanto seu marido com o navio afudava
O vento sopra forte da proa à popa,
ela culpa sua vida por isso.
O barco rápido desapareceu,
gritou "eu te amo", ninguém ouviu.
Uma lágrima rasga o coração,
ela sente saudade, o quer de volta;
seis meses sem ele, a alma morre.
Diana observa o mar,
a névoa obscurece o infinito,
o amor impede a liberdade.
Na varanda ela espera com um sorriso,
se costuma de ter um coração ferido.
A vila de pescadores ficou em silêncio e assistiu,
como a mulher ficou lá esperando.
Estrelas cobertas de nuvens tornaram as noites
mais escuras,
do mar nenhuma luz foi vista por meses,
ele deixou um filho pequeno,
Diana grávida todas as noites o esperava.
A noite a chuva cobriram os soluços,
pontuais como os toques de um sino.

IMPERVIUS

Uma lágrima rápida e incontestável cai do céu,
honestidade traída mas fidelidade proclamada
pela minha espada.
Eu me considero digno de um paraíso iluminado,
Eu cresci tranquilo no escuro histórico.
O frio gelado sentido pela pele,
seguido por arrepios e respiração pesada.
Quanto maior for uma vela, mais fácil será quebrá-la,
mas uma pequena vela, por mais forte que seja,
sua chama brilhará por muito menos tempo.
Eu que vendo memórias como se fossem dinheiro,
diante do vazio fico com medo,
caindo em um estado não adequado para a minha pessoa,
perdendo meu tema e verbo de viver.
Por mais que um humano tente,
sua vida será uma alternância de flores e silvas,
porque não há descida sem primeiro ter feito uma subida,
porque não há planície sem a existência de
montanhas.

PSIQUE

E mim arde meu coração,
a alma saturada de energia desaparece no nada.
Onde surge a morte do verão dar espaço o natal
que varre o frio.
Mas visando o fundo do meu coração,
Eu pego calor e um imenso sentimento de amor,
o mesmo que, fechando os olhos,
ilumina o caminho para novas regiões.
A alternância da chuva torrencial com o sol
escaldante seca a natureza circundante.
Vago, desamparado e sozinho,
perdido a olhar para o firmamento em busca do norte,
enganado pela multidão de estrelas falsas,
que como pensamentos negativos confundem a alma.
Eu procuro a imensidão no nada cósmico,
procuro uma rosa no deserto,
porque onde não há nada todo
pequenino se torna abundância.
Quem só se alimentou de amargura na vida,
saberá provar a sobremesa com um bom paladar.

O INCONSCIENTE

O tempo flui como a água em um riacho,
Eu paro para ouvir meus silêncios ilimitados,
perdendo a razão e o intelecto no vazio,
dando um sopro doce para os demônios,
que por dentro vorazes de tristeza
também sombrias e sem cor, elas se alimentam.
Lentamente, conforme a esperança se esvai,
até o último sorriso desaparece.
E eu finjo covardemente!
Ao humilhar minha pessoa e meus objetivos,
naufragou no mar sem nunca lançar um SOS,
por causa de um marinheiro orgulhoso com a
intenção de ser um herói.
E a água me deixa sem fôlego,
deixando-me a pensar em quem
sabe que pergunta colocada
por uma ideia torto infundada.
Pessoas, assistam e aproveitem cada momento,
não se esqueça que todo gesto tem significado,
cada ação tem uma conseqüência,
cada unidade de tempo tem valor.

QUIETO

Hermione está tudo em silêncio,
O vento acaricia seus cabelos e
as nuvens cobrem a cabeça como um guarda-chuva.
Hermione, jovem de alma cândida,
destacam-se em contraste
na escuridão desta temporada sombria.
Os anos passam mas você não envelhece,
seus olhos brilhantes se iluminam ao cruzar o meu olhar,
como planetas que não brilham com sua própria luz.
Oh Hermione está tudo em silêncio,
escute a si mesma, fale a si mesma Hermione,
se ami e me ame,
sorriso Hermione canta junto com a floresta.
Hermione viva não transforme sua vida
em uma coexistência forçada.

MINUTOS E TOQUES

A chuva cai no teto do carro e você pensa,
olha para o espaço e, obviamente, você respira,
mas você se perde naquele som ensurdecedor
que na verdade causa tanto silêncio,
um silêncio profundo insuportável.
As mãos como corredores competem no pêndulo,
tick tock tick tock cada curso não será devolvido a você.
Vamos curtir a vida, vamos nos perder nela,
porque é quando você se perde
procura realmente o seu caminho.
Quando você se perder,
você fixa cada ponto cuidadosamente,
atribuindo a ele a função correta.
Existem milhões de estrelas no céu,
mas apenas uma aponta ao norte,
apenas olhe fixamente para ele
e deixe-se guiar na direção certa.
Lembre-se que os dias, as horas vão mudar,
a alternância de minutos e segundos,
vai mudar de ano,
vai mudar o humor e até mesmo a estação,
mas apenas uma coisa nunca mudará... a alma.

PARA VOCÊ

A passagem do tempo me escapa,
Eu estava olhando para o firmamento em seus olhos,
tão profundo e misterioso que é,
mas é fácil orientar-me nessa multidão de estrelas.
Rapidamente apareceu para mim uma profunda felicidade,
que como fogo queima dentro do coração.
A chama se apresenta maior e mais forte.
O vento que acaricia suavemente seu rosto,
enquanto minhas mãos tocam seus delineamentos.
Unidos enfrentaremos a vida sem nunca desistir,
porque o amor pode ser privado de tudo ...
Até do tempo,
mas com o sentimento sempre doce e forte
essa se manifesta.

CRESCER

Dizem que a vida é um conjunto de cores:
verde, vermelho, laranja, amarelo, azul e muitos outros,
mas com o tempo elas tendem a desaparecer,
mudar de cores quentes, frias,
primárias ou secundárias
para cores neutras.
Com o tempo,
as estrelas tendem a não ser mais observadas
com os olhos delicados de uma criança,
Mas elas começam a ser examinadas com mais geometria,
como se com o tempo tudo
tivesse que seguir uma lógica estúpida.
Uma criança sorri também
na frente de uma ovelha estilizada,
você conhece aqueles desenhos que não se entende?
Um adulto olha para eles e sorri e depois o põe de lado,
em vez disso, você tenta dar aquele desenho a uma criança
e estou convencido de que ela vai continuar.
O tempo não só envelhece,
mas também tem o poder de tirar super poderes,
rouba nossos sonhos,
transformando um arco-íris
em uma nuvem cinza estúpida.

GRATIAS

Onde quer que você vire, você vê,
entre a íris de outros e os lábios de estranhos,
você pode ouvi-lo no chilrear dos pássaros,
no vento forte e tenso nos cabelos.

Alcança os olhos e segue para o coração,
é a luz que sigo por onde passa,
me orienta na vida e em mil estações.

O coração que ainda canta,
a alma que salta ainda mais alto,
Vou segurá-la pela mão porque ela é força,
porque sou homem e um dia irei desaparecer.

Eu tenho um sonho a cumprir,
mas não sei em que hora ou data,
mas com um sorriso e força,
até mesmo o maior fracasso
me parecerá a atração do carrossel.

DISPERSO

Eu estava navegando em meus pensamentos,
se perder no nevoeiro espesso.
Eu não tirei meus olhos do horizonte,
que parecia profundo e ilimitado como os muitos silêncios,
que tem ressoado por séculos,
como grita dentro da minha alma.
Eu me lembro dos bons, doces momentos felizes,
luminescentes como estrelas na atual noite perene,
isso envolve a cabeça.
E eu luto na frente contra inimigos
mais habilidosos do que eu,
mas com o fogo que tanto diferencia a alma,
Eu não desisto...
Eu avanço além da minha memória que tenho dela.
Eu olho para o mar e noto meu rosto,
sombrio e desconsolado submerso na paisagem surreal,
mas aquele em que eu não estava desafinado.
Passo a passo fui desistindo,
mas uma rajada de esperança me levantou,
por outro lado, quem nasce rocha acaba em pedregulho.

A LUZ

E eu fecho meus olhos,
como persianas de bar após o horário de fechamento.
O silêncio cai sombrio,
parando todos os meus gritos de
esperança.
A palavra rápida paira em meus lábios sangrentos,
imbuído de um forte significado de amor.
O céu colorido com um azul claro,
é refletido na minha íris brilhante,
banhado da emoção,
inchado por uma grande dose de desejo,
para surpreender os corações dos outros.
Passados tempos sombrios na agonia da solidão,
agora com você menina eu compartilho esperança e futuro,
para realizar o presente reescrevendo nossa vida,
página após página.
Vamos semear novamente a bela vinha,
para beber um bom vinho no futuro,
digno de nossos paladares finos.

PO€$IA DE UM DÓLAR

É espelhado e encantado,
sem nunca tirar os olhos da íris,
uma lágrima cai rapidamente de um passo rápido,
que parece transparente como sua alma.
Ele segura as mãos com força,
como se quisessem quebrar as correntes que a prendem,
não a deixam viver livre de seus medos.
Seus olhos são presas fáceis para a luz,
uma brisa fresca de vento acaricia o cabelo,
voa acompanhado pelo sussurro quente
de uma sensação agora rançosa desgastada pelo tempo.
Ele junta as mãos,
tem a esperança de um amanhã melhor,
será como uma fênix,
quem vai ressuscitar de suas cinzas:
jovem forte e cheio de vida,
será como uma faísca de fogo ainda acesa,
que à primeira vista parece extinto,
em vez disso,
ele espera que aquele sopro de vento queime novamente.
Quando você falha,
você tem a oportunidade de começar do zero ...
E a partir do nada construir um império.

ROSA DOS VENTOS

Eu fico olhando para o teto
com a intenção de contemplar o tiquetaque da chuva.
Tudo lindamente silencioso,
Eu sorrio com o brilho de algum relâmpago,
que inconscientemente atua como uma luz para o meu pen-
samento.

Olhos abertos, mas na realidade estão fechados,
espelhe a alma se beijando lentamente,
aos poucos a ideia de sucesso.

Feliz e vivo o pensamento,
Eu tenho o desejo absoluto de alguma carícia real,
beijo ou abraço original,
desfaria o mal do passado,
que falsamente me alimentou até os dias de hoje.

BASTA ACREDITAR

A memória ainda queima solenemente dentro dos meus
olhos,
forte é o vento,
Tenta rapidamente varrer as nuvens cinzentas,
que no início da noite banhou a terra.
Serve também o mau tempo para as flores desabrocharem,
Serve a derrota para nos deixar com mais fome,
que nos torna determinados a lutar por outra vitória,
acreditar em nós mesmos é a chave para todo
o sucesso,
é o remédio para nos fazermos felizes.
A natureza circundante sorri,
regado por chuvas torrenciais,
agora cresce forte à luz do sol.
Deixe a dor do passado,
formar a força do seu futuro,
deixe a memória condicionar o presente,
para torná-lo doce e forte,
sob o significado do verbo redimir.

PIAZZA STRADIVARI

O silêncio povoa as ruas desta cidade eterna,
o assobio do vento é ouvido entre os prédios de tijolos,
e nós?
Conversamos sobre as plantas enquanto algumas folhas,
muito lentamente, pousavam na superfície da estrada.
Entre os arbustos do centro e o barulho da água,
que flui da fonte sob o torrazzo,
algo denso,
estava nascendo no escuro.
Agora só a memória nos acompanha,
uma densa recordação,
que gosta de névoa quando ela desce obscurece nossa visão,
apagando tudo o que é apresentado ao olho.
Como esquecer suas mãos,
Eu os apertei por anos dentro dos muros de nossa cidade.
Tenho uma densa memória de amor até hoje,
enquanto escrevo essas frases,
podemos ter caído, mas Cremona ...
Lembre-se de que Cremona é linda mesmo à noite.

(Poema dedicado a Cremona)

A ORQUESTRA

O canto dos grilos continuou mesmo depois da noite.

Uma leve brisa de vento,
varreu as nuvens restantes,
que antes do nascimento do dia,
eles obscureceram meu olhar.

As mesmas nuvens,
que agora estão tingidas de mil cores à luz do amanhecer.

À distância, ainda flashes de luz são examinados,
cor de latão seguida por algum trovão tímido,
para lembrar o poder da tempestade que agora passou.

O dia doce tem uma temperatura quente,
ajudando assim o despertar do movimento noturno.

Entre a colheita eu ouço apenas meus pensamentos,
acompanhado como por uma orquestra,
com sons pertencentes à natureza.

Devagar, o sol se põe,
fazendo a noite pegar o seu espaço.

FRATER

O vento bate na janela,
chama o trovão,
com uma voz poderosa,
Está chovendo, as gotas competem no vidro,
como costumávamos fazer com as bicicletas na rua
quando éramos crianças.
Você me abraçava ou vice-versa,
controlado por um único cérebro,
qual pensamento irmão é igualdade.
Chove, neste sábado à noite, agora nunca mais triste,
acabou sendo a última bebida que compartilhamos.
Nós passamos por muito,
mas superamos muitos com um sorriso:
o frio mais amargo,
no verão mais quente,
desde ver as flores desabrochar até ver as folhas caírem.
Muitos nos abandonaram,
muitos foram os protagonistas,
mas apenas nós permanecemos em nossas vidas eternas,
nós que nos consideramos,
pertencendo ao mesmo sangue.
Não existe amor mais verdadeiro do que amizade,
não existe lugar mais bonito,
para se proteger da tempestade.
Está chovendo irmão, vamos sair?

TEM ALGO DE RUIM

O sorriso no rosto aparece,
apagando qualquer defeito.
O momento dá lugar ao tempo,
a raiva dá lugar ao afeto.
O tempo flui como a água em um riacho,
somos pobres peixes à mercê da corrente.

O mundo gira, mas não muda,
há pessoas que se odeiam e se matam.
Uma gota cai do céu como se fosse uma lágrima,
tantos homens são tão gananciosos,
que se esqueceram de que têm alma.

Estamos todos no mesmo nível,
por aqueles que trabalham em uma fábrica,
para aqueles que ganham para ficar no sofá,
nenhuma vida humana tem um preço.

A LUA CHAMA

Eu fico olhando para o céu
calmo é o pensamento,
Voa rapidamente para longe.

O mar canta,
sob o céu escuro,
palavras fortes.

Deixe silêncios,
interrompido pelo vento,
isso me abraça.

Eu ouço suas palavras,
fechando meus olhos,
sentado sozinho.

A lua brilha,
é como uma faísca,
ela brilha silenciosamente.

Doce verão,
você que reina supremo,
aquece o coração.

FUNDO

As ondas quebram em silêncio,
as luzes dos faróis alternam como um piscar de olhos,
As estrelas como olhos olham para você e o encantam.

Uma leve brisa de vento acaricia seu rosto,
como se fossem as doces mãos de uma mãe.
Ouço e por horas a voz do mar,
que fala ao meu inconsciente de uma forma asfixiante,
memórias emergem de minhas profundezas,
como velhos destroços que passaram despercebidos por
anos.

Às vezes eu choro para me sentir mais forte,
nessas lágrimas por todo o meu sofrimento,
para libertar minha alma das correntes.

A SERPE E A FÊNIX

Não sei o que é mais doloroso,
se perder a si mesmo ou não mais ver a felicidade.
Ela ataca e cega você,
remove qualquer ponto de apoio da rebelião,
a cada tentativa de conquista.
Dentro de você, ele tenta criar seu covil,
arruinar as memórias,
rouba anos da sua vida,
faz você se sentir inferior a todos que o manipulam.
Refugie-se nos sorrisos dos outros e reaja,
lembre-se de que todas as grandes coisas,
sempre foram precedidos por nada na história,
todos vocês têm a oportunidade de reagir,
começando direto dos escombros.
A vida continua apesar da gravidade dos episódios,
passo a passo o caminho mudará,
talvez se torne mais tortuoso,
contudo mais esclarecido,
pouco a pouco você não será mais violino solo,
mas parte de uma orquestra esplêndida.
Seja como fênix,
que apesar da morte macabra,
erguer-se majestosamente de suas cinzas,
deixe a negatividade rastejar sozinha na grama alta.

AGOSTO

O sol nascente,
as pessoas conversando na beira da água,
Eu que caminho junto ao mar,
pensando, sonhando,
mas acima de tudo lutando batalhas diárias,
para o qual morrer valeria a pena.
O dia passa rápido,
como as emoções sentidas durante o dia.
Somos pequenos artistas incompreendidos,
mas determinados a elevar nosso ideal.
A noite cai e sob o pôr do sol,
com minha cerveja eu contemplo,
os anos passados no sofrimento,
a noite cai graciosa e roubadora de sonhos,
Eu olho para a abóbada celestial que nunca foi
 tão brilhante.
Eu deito em uma cama,
sozinho com o mar que narra com sua voz,
o vento que me balança,
as estrelas que mostram o caminho certo
para os marinheiros,
o retorno para casa.
O pensamento se perdeu no silêncio ensurdecedor,
enquanto minha alma saiu pela porta,
para descansar em total serenidade.

ETERNO

Em meu pensamento eu me perco,

doce é a memória de seu olhar,

os passeios no centro em frente à torre,

eles o tornaram mais brilhante.

Sua voz é exuberante,

forte como o seu perfume,

que anos depois,

ainda permeia minha mente.

Seus lábios como um lar para minha alma,

suas mãos quentes,

como o verão na planície,

seus olhos verdes,

como esperança,

aquele que nunca morre.

Tu vai brilhar de novo,

vais curar minhas feridas e golpes,

porque Cremona é linda mesmo à noite.

Cante a natureza, ela está rodeada de cultura,

o violino soa tão doce quanto sua voz,

me excita como o primeiro te amo,

sussurrou quase brincando,

diante do espetáculo da nossa cidade românica.

Tantas luzes que juntas,

nos ensinam como és grande, grande somente tu.

(poema dedicado a Cremona)

FELICIDADE

O que é felicidade?
Bem, não há resposta para isso,
não é porque a felicidade
não pode ser resumida em uma definição simples.
A felicidade se esconde,
ela muitas vezes tira sarro de nós nos iludindo,
mas nunca nos abandona.
Onde ela está? Cadê?
Por que está se escondendo do nosso toque?
Ele o faz por medo de ser sintetizado em algo
abstrato, como o homem vem fazendo há bilhões de anos.
A felicidade está em todo lugar que você procura,
não desista ela está aí ela não se esquece de nós
 e se às vezes parece zombar de nós,
é porque ela quer ser embalada como um bebê.
O sorriso hoje antes do tempo torna-o uma memória
e a lembrança um remorso.
Ame, ame mais do que nunca,
semeie positividade e deixe uma tempestade
vir de vez em quando,
porque graças a ela crescerá e se nutrirá
tornando-se luxuriante.
Lembre-se de que o inverno também
é necessário para um verão quente e ameno.
O homem se distingue dos animais
pela consciência e intelecto,
temos que todos os dias, todos os dias ...

Eleve a barra e mire mais alto,
porque você só pode crescer.
Sonhe para realizar, não apenas sonhe.
A vida é uma escolha e devemos escolher viver
para não existir,
vamos tornar esta nossa vida preciosa,
precioso não apenas para nós,
mas para aqueles que amamos e cuidamos.

MAGRITTE

O vazio dentro de mim me desgasta mais

do que os golpes que sofri,

palavras doem mais do que mãos.

Uma lágrima cai rápido,

que corta lentamente a face ao meio,

Eu me lembro de suas mãos macias,

aquela que primeiro acariciou meu rosto.

Eu te amo sussurrou seguido de beijos intensos,

nosso amor perfeito,

persuasivo para a percepção do meu olho,

cego pelo coração.

O tempo nos consumiu e nos mudou,

nosso amor como um "magritte".

Todas as noites um beijo na frente dos meus anjos,

porque o amor pode acabar entre um casal,

mas nunca cessará entre mãe e filhos.

Eles os protegem da brutalidade,

Quero que o mundo peça desculpas a eles amanhã.

Eu finjo que está tudo bem,

mas eu choro todas as noites,

Tento sonhar,

me acorrentou não posso mais voar,

tirando minha liberdade.

A vida não é dor e falsidade,

Não acredito, não quero acreditar.

O amor não é ruim eu confio nele,

Eu sei que ele vai voltar e não vai me matar.

A ARTE DE VIVER

Todos aplaudiram, todos menos uma pessoa, pareciam soldadinhos de chumbo, silenciosos e atentos durante todo o show e no final, um triunfo de aplausos.

O cinza atormentava o negro dando vida a esfumatura que, por mais profundas que fossem, não davam fenda à luz, mas apenas dava relevos às sombras.

Na platéia aqueles dois olhos me fitaram, azuis como o mar porque neles se podia afogar, entre toda a platéia eu procurava o seu aplauso.

Queria surpreendê-la ou melhor, surpreender ela, peguei um balão vermelho e amarrei no galho de uma planta, saltei ao vento.

O público não entendeu bem, estavam tagarelando, são adultos que não veem além das coisas, reclamaram da minha mudança de programa, mas aqueles olhos azuis não quebraram, ficaram ali olhando para o meu show, então peguei algumas cores, uma tela e joguei estas cores nela: amarelo como o sol e a felicidade, verde como a esperança, azul como a noite com suas estrelas...

Pareciam tão bonitas e hipnóticas a contrastar o preto e branco.

Todo mundo estava assobiando e criticando, mas ela estava batendo palmas e você sabe, eu acho que esse é o meu maior sucesso.

Peguei o microfone e disse:

« senhoras e senhores a arte de viver ».

A noite estava caindo, mas também a escuridão com o cenário certo tem seu charme.

Tente ser você mesmo aos olhos de quem realmente o valoriza e se diferencie da monotonia porque é prejudicial a nós e à nossa arte.

NAS FRONTEIRAS

Depois do show corri para o camarim,troquei de roupa e saí
para falar com ela, mas não a vi, procurei por ela no corredor
entre as pessoas que me empurravam e riam de mim pela fi-
gura feita no palco, minha camisa estava manchada de tinta,
mas eu não me importei, Eu só queria falar com ela...
Eu não a encontrei.
Nos dias que se seguiram aos ensaios no teatro todos me
evitavam e resolvi desistir, mesmo que atuar para mim fos-
se muito mais do que um trabalho.
Eu estava em casa sozinho e constantemente pensava na-
queles olhos azuis, tão profundos e densos, o próprio pensa-
mento me confundia por dentro, criando uma bagunça.
Eu queria reagir a essa escuridão tentando aumentar aquele
pequeno raio de luz visto naquela íris, então peguei o pri-
meiro par de sapatos e saí.
Fui na frente da árvore onde costumava ir quando
criança e fiquei olhando para ela, dentro de mim viajei mil
milhas, o importante era não me perder nos meandros da
psique, porque é prejudicial quando tudo parece incolor
por fora.
Enquanto eu olhava para aquela planta,
Eu me senti como uma criança de novo e lentamente, senti
um imenso alívio de amor, silenciei rapidamente por trás
dela veio sabe-se lá de onde, ela apertou minha mão na
frente da árvore e me senti feliz, fora de qualquer perigo, Já
não me sentia um pequeno navio no meio do mar, mas ago-
ra na escuridão me sentia uma grande estrela.

Quando você perde o caminho certo não deve esquecer a felicidade, ela está lá ...

Ela se encontra nos olhos das outras pessoas, em pequenos gestos, em sucessos, mas acho que se encontra até no sofrimento, a felicidade deve ser cuidada e embalada como uma criança.

Somos todos viajantes em busca de nós mesmos, para encontrar um fiapo de verdade em meio a tanta falsidade que vamos não só até nossas fronteiras, mas mesmo além, para descobrir partes desconhecidas de nossa alma.

Não tenha medo de se perder além de suas fronteiras, ouse... Sonhe hoje para se tornar realidade amanhã, chore hoje para sorrir mais forte amanhã.

A ARTE DO SILÊNCIO

Eu fui para casa, o sol já havia se posto,
minha mente estava perdida na névoa,
como um navio no mar,
que desaparece lentamente no horizonte.
Abri a porta da casa e sentei no sofá,
Apaguei todas as luzes porque queria o escuro,
Eu queria me perder em mim novamente,
no meu silêncio.
Eu ainda sentia suas mãos em meus ombros,
quente e doce em oposição à minha alma,
ferido e sozinho.
Essa escuridão se tornou luz em meus olhos,
meu silêncio lentamente ganhou uma voz,
suas mãos, as mesmas que aplaudiram naquela noite,
estavam na minha nuca,
para me acariciar amanhã pronto para me proteger.
Ela se abaixou,
furtivamente sussurrou uma frase para mim,
que ainda me tortura em meus pensamentos:
"senhoras e senhores, a arte de viver".
Ela disse isso sorrindo e quando disse,
com a outra mão ela apertou a minha.
Ela não terminou seu discurso ali, adicionou:
"você escolheu cores porque é apenas com cores,
se escolhe viver e não existir".
Eu não entendi e perguntei o que ela quis dizer,
mas ela não respondeu,

queria que eu encontrasse as respostas no meu silêncio,

um silêncio particularmente barulhento e falador,

que dentro de mim tomou mais e mais parte.

Lentamente essas mãos desapareceram,

Eu não os percebia mais,

mas ao mesmo tempo eu sentia calor no meu peito,

Adormeci feliz, confuso, mas feliz.

Na manhã seguinte peguei as chaves do carro e decidi ir

para o mar,

onde eu costumava ir quando criança,

Eu queria sentir o mesmo sentimento,

que percebi na frente do carvalho.

Eu fui na frente do farol,

entre o silêncio da natureza e a quietude do vento,

Sentei-me em uma rocha para meditar,

mas não senti nada,

Eu não senti nenhuma presença e nenhuma sensação, até

que uma voz suave me lembrou,

que apenas no meu silêncio

eu poderia encontrar as respostas.

Não procure as respostas dentro de outras pessoas,

eles nunca terão o mesmo

que você pode encontrar dentro de si mesmo.

Amar a si mesmo por amar, não basta amar.

TINTEIRO

Eu fico olhando para o teto e meu olhar se perde na escuridão que envolve meu rosto, olhos abertos parecem fechados, sua voz ressoa como o tiquetaque incontestado do tempo.

Uma pequena lembrança consoante, mas saborosa de derrota em meus olhos toma o centro do palco, você que sorria ao meu lado e eu que tinha o coração na mão.

A chuva que ruge lá fora sussurra uma canção de ninar para mim como se quisesse me arrancar das armadilhas do meu inconsciente, um trovão alto e dominante semelhante à nossa primeira luta me assusta, aumentando meu batimento cardíaco, Eu te amei como mãe e te respeitei como pai.

Persuasivo, seu olhar sempre me deixou de joelhos, curvando-se em um choro tão longo quanto a noite e então culminando na doce e primaveril paz de seus braços.

Os mesmos braços que o tempo e a vida tiraram de mim, dividido como faixas, que não vai se encontrar de novo, linhas paralelas, mas para sempre intangíveis, nos mais belos erros, e nas memórias mais fortes eu sempre vou te encontrar.

POR DO SOL NUCLEAR

Tudo lindamente silencioso,
Apenas o assobio incontestável do vento é ouvido.
O último grilo canta solenemente,
como se antecipasse o frio agora iminente.
O olho repousa nas folhas da grama
que se movem como ondas na frente da minha figura.
Meus passos tão rápidos quanto as nuvens no céu,
seguem uns aos outros em um avanço descontrolado
comparável ao tempo,
e de vez em quando para a própria vida.
A solidão como um predador está na minha figura,
uma estranha sensação de fragilidade.
O inverno já iminente, desce
como a noite em fresco dia ensolarado.
Não há espaço para emoção em um mundo sem cor,
incapaz de reconhecer figuras tridimensionais,
dando o mesmo valor e igual profundidade as coisas.

◆◆◆◆◆◆◆◆◆

BIOGRAFIA DO AUTOR

Matteo Belgiovane nasceu a Cremona Itália em 24 de agosto de 2000, conhecido no campo literário e poéti-co, como "Belgio".

Seu primeiro livro "A arte de viver" alcança duas ve-zes o primeiro lugar no ranking conectados.
Realiza uma "Live", essa obteve mais de 5000 visuali-zações e recebe um artigo de página inteira no jornal "La Provincia".

A partir desse momento o sucessos aumenta o coroá-lo como um dos autores mais importantes da Poesia ita-liana. Cada uma de suas postagens recebe centenas de curtidas.

Ele publicou um segundo livro intitulado "Nas frontei-ras", que foi apresentado em conjunto com o prefeito da sua cidade, Cremona.

O segundo livro está firmemente posicionado entre os quatro primeiros lugares no ranking italiano entre os primeiros poema online, formando uma dupla nas três primeiras posições com "a arte de viver".
Ganha o prêmio "Keramos" em uma competição inter-nacional e um diploma de mérito na seção "Haiku", participa de concursos literários e entrevistas na TV.
Junto com outros autores ele leva à praças e nas pale-

stras, o tema contra o bullying e a depressão, a poética consiste em que a arte deve ser um meio de lutar contra o mal e curar feridas presentes no leitor.

Ele colabora com uma associação de San Marino de nome **"Noi ci siamo San Marino"**, participou recentemente dos últimos *comics* realizados no cidade de San Marino, trazendo a poesia entre os ruas. Participou da feira do livro de Cremona e da "Attacco Poetico", lendo alguns de seus poemas em piazza duomo em Cremona.

Duas de suas citações foram exibidas em metrô em Milão na piazza della repubblica. Autor precoce, aos 12 anos já escreve poemas e textos musicais.

Hoje ele está estudando na "Universidade de Parma" na faculdade de literatura.

O Belgio é um grande amante do mar; nos momentos livres refugia-se na casa da família no Lido degli. Estensi (FE), apaixonada por este lugar especial, ambienta histórias e poemas fascinantes.

A TRADUTORA

Simona Adivíncula nasceu em Salvador de Bahia - Brasil, naturalizada italiana mora em Milão com o marido e a filha.

Escritora, romancista, poetisa, jornalista freelance é membro da Academia da Cultura de sua cidade natal.

Muito conhecida e apreciada, ela escreve há 23 anos e tem bem 13 livros publicados em diferentes idiomas.

Ela é a responsável do Grupo "Escritores Brasileiros na Itália".

É a representante da Edizioni We no Brasile.

www.ingramcontent.com/pod-product-compliance
Lightning Source LLC
Chambersburg PA
CBHW030408160726
47992CB00007B/3025